Aesthetic Life
美感365

罗安琍 文·图

上海书店出版社
SHANGHAI BOOKSTORE PUBLISHING HOUSE

Preface

种下美,日日好

Anly

从春夏秋冬出发,将美感原则融入四季
线条、比例、平衡、节奏、统一与强调
透过视觉、听觉、味觉、嗅觉、触觉
连结色彩、质感与结构、形貌
串联当季的饮食、衣着、居住与节庆
享受四季变化的美感生活
春天的美,轻柔淡雅
玻璃杯、樱花季、雪纺洋装
展现透明、规律与比例
夏天的美,缤纷鲜亮
扇子、短裤、水果饮品
呼应高彩度、几何韵律与渐层
秋天的美,温润舒缓
枯木落叶、植物染与养生食材
表达秩序、节奏与调和
冬天的美,坚毅又柔软
节庆派对、冬令进补、棉被大衣
对应红配绿、冷与暖、厚与薄
一次阅读一个主题,实践一个概念
打开美的心,春夏秋冬,日日好

⁂ 美感小种子 ⁂

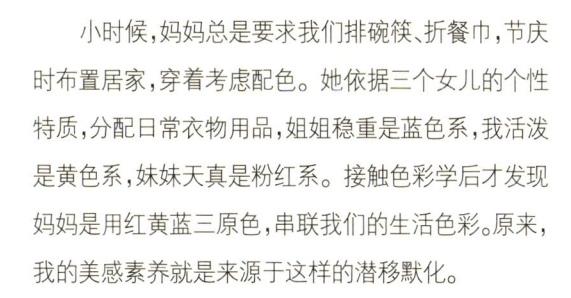

　　小时候，妈妈总是要求我们排碗筷、折餐巾，节庆时布置居家，穿着考虑配色。她依据三个女儿的个性特质，分配日常衣物用品，姐姐稳重是蓝色系，我活泼是黄色系，妹妹天真是粉红系。接触色彩学后才发现妈妈是用红黄蓝三原色，串联我们的生活色彩。原来，我的美感素养就是来源于这样的潜移默化。

当我成为老师，也成为人母后，特别重视情境教育，特别在乎生活美感的学习。我觉得美感不是抽象的理论原则，而是一次一次在生活中观察感受、用心累积的美好力量。

美 感 行 动 家　罗安琍 ANLY

　　对美感与时尚热情执着，大三就进入时尚圈，从服装设计师助理做起，先后担任国际连锁服饰陈列、百货时尚杂志与化妆品之服装企划。有感于美感与时尚教育需向下扎根，进修服装硕士，修毕艺术生活学分，成为台湾地区家政核心教师、美感教育北区种子老师，多次赢得台湾地区教案比赛优选特优、台北市行动研究创新教学奖，并荣获台北市优良教师、SUPER 教师及人气教师等奖。

	色		质		形	
春						
三月 四月 五月	色相	明度	轻重	透明	比例	分割
8-9	10-11	12-13	14-15	16-17	18-19	20-21
夏						
六月 七月 八月	彩度	色调	凉爽	通风	线条	韵律
36-37	38-39	40-41	42-43	44-45	46-47	48-49
秋						
九月 十月 十一月	调和	中介	粗细	秩序	集合	节奏
64-65	66-67	68-69	70-71	72-73	74-75	76-77
冬						
十二月 一月 二月	补色	冷暖	软硬	厚薄	强调	平衡
92-93	94-95	96-97	98-99	100-101	102-103	104-105
	视		触		听	

食

味道　春食
22-23　24-25

衣

印花　春裳
26-27　28-29

住

角落　节庆
30-31　32-33

美

春日手帐
34-35

渐层　夏食
50-51　52-53

符号　夏装
54-55　56-57

绿植　夏祭
58-59　60-61

感

手绘旅行
62-63

风格　秋食
78-79　80-81

染布　秋裳
82-83　84-85

圆满　造型
86-87　88-89

练

秋日书签
90-91

冬至　冬食
106-107　108-109

混搭　冬装
110-111　112-113

氛围　关系
114-115　116-117

习

美感日常
118-119

味　嗅　感

5

阅读指引

1 **美感主题：** 春夏秋冬 x 48 个主题，看标题找美感

2 **手绘插图：** 依主题搭配插图，连结美感意境

3 **主题概念：** 摘要主题内容，认知与觉察美感内涵

Ingredients 春食
Spring

走一趟春天的市场，感受到生命力的美
刚刚摘下的翠绿色芹菜
连根拔起的白萝卜
还有点缀一点红的草莓与樱桃
绿色、白色与红色，串起春天食盘
尝一口春天的滋味
清甜中带着微微的酸
从二十四节气的角度看春天
大地回春，万物苏醒
绿色蔬菜是春天最重要的食材
将高丽菜、豆芽菜、红萝卜、绿色蔬菜
切成细丝包入饼皮，卷成春饼
就是美味养肝的春食

春食
绿
白
红
食味
春天的滋味

绿色食材

芹菜、菠菜、青葱

绿色是春天的代表色,最新鲜的蔬菜在春季,要多吃绿色蔬菜,加强免疫力。

白色食材

白萝卜、洋葱、豆芽菜、春笋

白色是春天的辅助色,不抢戏的清甜味道,是春天餐桌上不可缺少的配菜。

红色食材

草莓、樱桃、红萝卜

红色是春天的重点色,点缀一点酸甜的滋味,提升视觉与味觉,令人食指大动。

美感行动

一大早的传统市场,到处堆满时令蔬果,看起来一模一样,却又有各自独特的样貌与活力,走一趟市集,感受菜市场的活力。

美感,就是感受当季当下的活力 25

④ **美感架构**:标示于侧,贯穿四季、色彩、质感、形体,延伸至生活及感官,方便搜寻

⑤ **美感重点**:取材生活,易读易懂

⑥ **美感行动**:身体力行,觉察生活中愉悦的美感经验

⑦ **美感小语**:用一句话,形容美、分享美

7

Spring

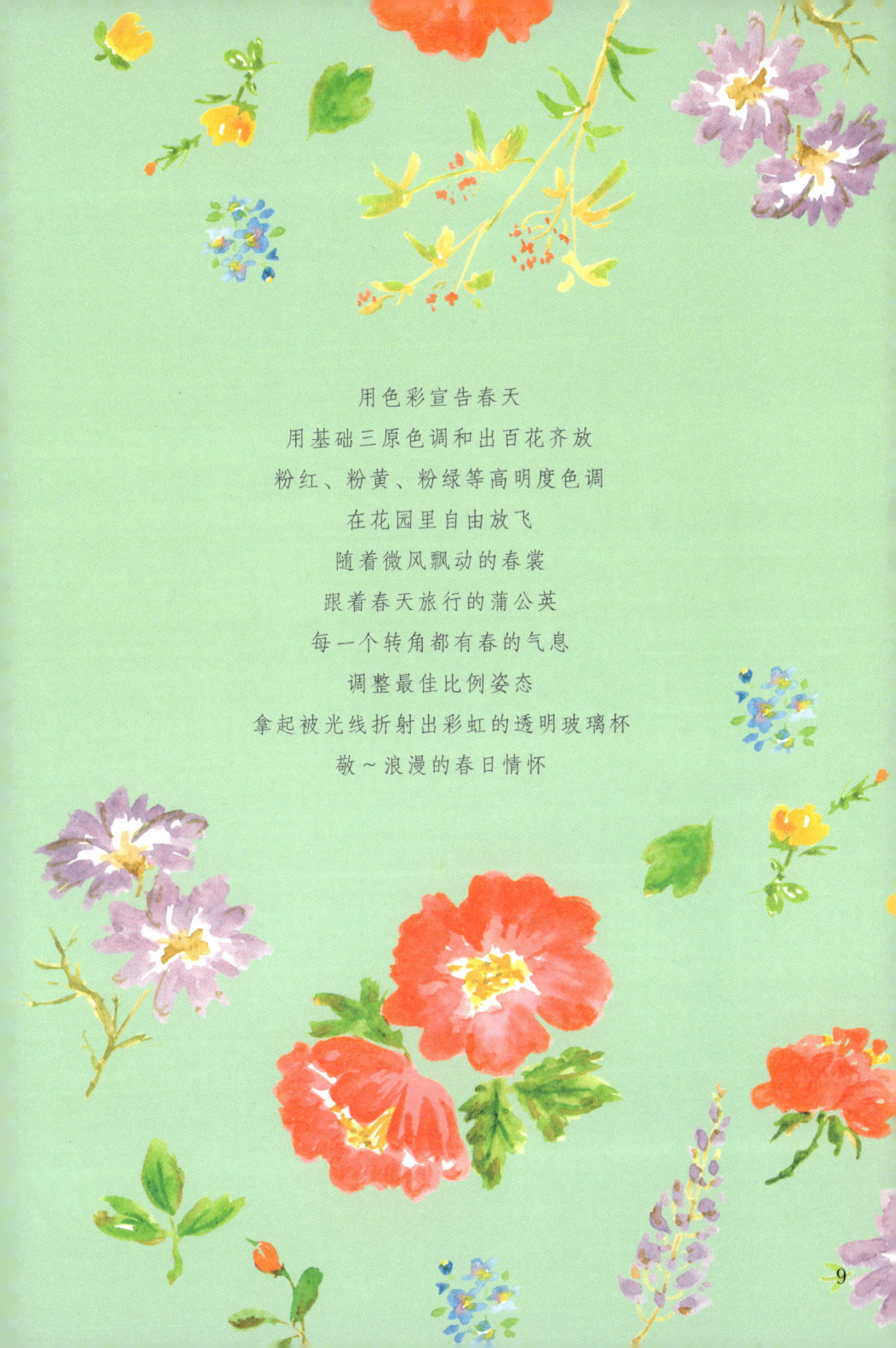

用色彩宣告春天
用基础三原色调和出百花齐放
粉红、粉黄、粉绿等高明度色调
在花园里自由放飞
随着微风飘动的春裳
跟着春天旅行的蒲公英
每一个转角都有春的气息
调整最佳比例姿态
拿起被光线折射出彩虹的透明玻璃杯
敬～浪漫的春日情怀

Plain 色相
Shade

最基础的红黄蓝三原色
调和出红橙黄绿蓝紫六大色相
每一个色相都是独一无二
没有美或丑的绝对差异
只是，当各种色彩搭配在一起时
色彩之间便出现了比较
就像高矮胖瘦一样，给人不同喜好感受
随四季转换，大自然会跟着变换色彩
随文化的差异也造就不同的城市色彩印象
美的第一课
就是张开眼睛，感受色彩的变化！

色相

三原色

张开眼睛感受美

色视

RED 红

红色的热情,连结到太阳、火焰、蜡烛,令人感到热情如火!连结到血液,让人血脉偾张,情绪激动!红色也让人联想到脸红,想到苹果,可爱又温暖。

YELLOW 黄

黄色是活跃的色彩,让人联想到幼儿园里活蹦乱跳的孩子们。黄色也带来积极与紧张感,就像过马路闪黄灯时,我们总会心跳加速,脚步加快。

BLUE 蓝

蓝是沉稳。有人说蓝色是忧郁,有人觉得蓝色是冷静,而蓝色让人联想到天空、海洋与湖泊,给人深沉、稳重与静谧的气息。

美感行动

寻找日常生活中最常看到的三种颜色,感受这些颜色带给你的心情并记录下来。

美感,就是能发现与有感受

Value
明度

粉红、粉黄、粉蓝……是春天给人的粉嫩印象
色彩学将粉彩色系归类为高明度
所谓的明度是指明亮的程度
也就是,加了很多白色时
明亮的程度会提高,称为高明度
例如红色加上白色,变成粉红色
反之,加了比较多黑色时
会显得比较暗沉,称为低明度
例如红色加上黑色,就变成暗红色
透过由深到浅或由浅到深的明度变化
色彩就有不同层次的美感与配色乐趣

明度

黑与白

同色系里的深浅变化

色视

高明度

高明度给人轻快、柔软、明朗的基调！运用得不好时，也会让人有疲倦、柔弱或病态的感受。

中明度

中明度给人朴素、庄重、平凡的基调，有时也会造成呆板、无趣、贫瘠的感受。

低明度

低明度给人沉重、浑厚、强硬的基调，不小心也会给人黑暗、哀伤、无奈的感觉。

明度对比

将高明度与低明度的颜色放在一起对照，亮色更亮，暗色更暗。例如深绿色的叶子，让粉红果实更显鲜亮。反之，暗红色的果实也可以衬托翠绿叶子。

美感行动

便利商店饮料柜里整齐排放各种饮料包装，眯着眼睛分类看看，哪些是高明度？哪些是中明度或低明度？

美感，就是一种归纳与判断的学习

Weight
轻重

春天是轻是重?
以春夏秋冬来比较
春天应该是轻盈的,是花开舞飞扬
轻轻摇动蒲公英,轻吹一口气
一朵朵如羽毛般飘飞眼前
是春天的美
美感的重量,源自生命力
美,可以具象,也可以抽象
可以有形,也可以无形
通过万事万物,人与人之间的生命交流
丰富我们的人生
让我们张开眼睛看到美
闭上眼睛感受美
找到身心安顿的力量

轻重

生命力 · 春天的重量

质 触

☷ 自然的孕育 ☷

植物的萌芽、胚胎的孕育,美感源自生命,是一种本能,对大自然生命的感动,是直接的反应。

☷ 成长的喜悦 ☷

动态的成长带来新的能量,正能量让我们对生活充满希望。因为有希望而相信生活会越来越美好。

☷ 情感的价值 ☷

情感的互动与交流,让美的境界提升,不只是迎接生命与生存,而是能进一步追求心灵的满足。

美 感 行 动

试着用心、笔或眼睛记录万事万物的成长轨迹。也许一根小草,都有鼓舞生命的力量。

美感,就是发现与认识每一个生命的独特性

Transparency
透明

美感，有距离吗？
伸出手拿起一个杯子的距离，应该不算太远
每天喝的水要装在哪一种容器里？
保温杯？玻璃杯？纸杯？塑胶杯？
算算看家里有几个杯子
这些多出来的杯子，是展示在橱柜里纯欣赏
还是被冷落在角落沾灰尘？
拉近与美的距离，就从日常开始
春天适合使用有轻透感的玻璃杯
在回暖的阳光下
闪耀出美丽的七彩光！

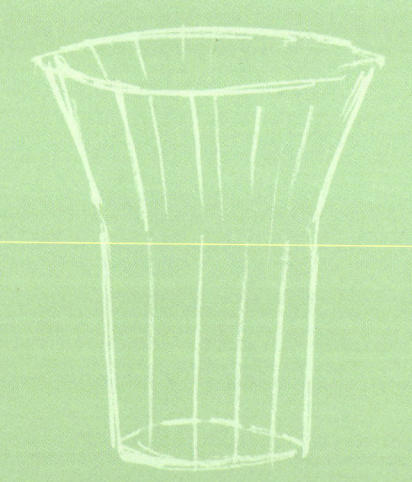

玻璃杯 — **透明**

换一个杯子

质触

粗细感受

手感要有点沉重，质料纯净的关键是尽量避免有纹、有泡或有砂等杂质。

对光观察

好的玻璃杯厚度一致，检查方式是对着光源转动玻璃杯一圈，如果光感一致，就代表厚度一致，有明暗差别，就表示厚度不一致。

轻敲悦耳

轻轻敲击或用手指轻弹杯缘，能发出清脆优雅的声音，就是好质量的玻璃杯。

美 感 行 动

看到玻璃杯时，记得拿起来感受玻璃杯的外在质地、光泽，感受玻璃杯特有的透明气质。

美感，就是从每天用的茶杯开始感受美

Proportion 比例

长短高低放在一起对照，就产生比例
被认为最具艺术性、和谐性与美感价值的黄金比例就是1:1.618
达芬奇作品里《维特鲁威人》《蒙娜丽莎》《最后的晚餐》
都运用了黄金比例
甚至连莫扎特《D大调奏鸣曲》的节拍
也正好落在黄金分割点上
黄金比例大量使用在分析人体
完美的九头身比例
就是依据1:1.618进行分配

比例

九头身人体　黄金比例

形　听

::: 上下身比 :::

以肚脐为黄金分割点，上身从头顶到肚脐＝1，下身从肚脐到脚底＝1.618，黄金比例约为5:8。

::: 高跟鞋比 :::

当腿长不符黄金比例时，高跟鞋就是修饰腿长比的最好工具。试着套入公式，找到适合自己身高的鞋跟。

$$\frac{肚脐到脚底 + 鞋跟高度}{头顶到肚脐} = 1.618$$

::: 上下衣比 :::

运用衣服调整黄金切割点，一样可以补足比例上的不完美，例如，提高腰线或缩短上衣。让上下比例接近5:8。

A:B=1:1.618

美感行动

拿一个尺量身，从肚脐垂直量到脚底的距离，看看自己的身高与腿长的比例，是否接近黄金比例？

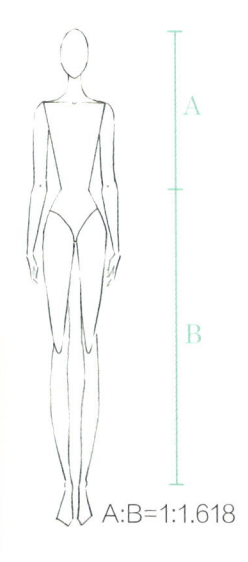

美感，就是认识自己与调整自己，让自己更好的过程

The Golden Ratio
分割

高高低低大大小小的元宵节灯笼
构成了美丽的景象
拿起手机，想捕捉这个画面时
手机相框提供了完美格线
让我们依据"井"字交会点移动镜头
选择最佳构图
这就是黄金切割在生活中的运用
若能巧妙运用黄金切割的
基本三分法及黄金螺线
将有助于我们在空间配置
食物摆盘、穿搭比例
以及拍照画图上提升美感

元宵灯笼

分割
三分法与黄金螺线

形 听

:::: 黄金比例 ::::

仔细观察，经常可以发现日常生活里运用黄金比例1:1.618的经典设计，例如扑克牌、窗户及桌子等。

:::: 三分法 ::::

将画面垂直、水平分割成三等分，十字交接处的点，就是视觉的焦点。拍照时，让主体放在其中一个点上，就是最佳构图。

:::: 黄金螺线 ::::

玫瑰花瓣的排列、鹦鹉螺的纹路、人类的耳朵，都不约而同形成黄金螺线的完美比例。运用黄金螺旋线，创造理想的构图分配与空间规划。

美 感 行 动

准备一个大盘子，把今天的早餐、午餐或晚餐，用黄金分割率的方式来摆盘吧！一定色香味美俱全。

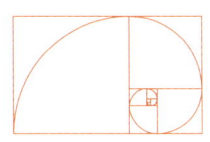

美感，就是运用黄金分割找到和谐美　21

Flavor 味道
Season

选甜点是一道幸福的难题？
单是静静观察每一个点心的精致手工
就让人爱不释手
结合视觉、味觉、嗅觉、触觉与听觉的
五感和果子，更是令人惊艳！
和果子的美，融入四季的变化
让人在还没放入口中时，就已经感受到
和果子的形体、气味与季节相融合
不知不觉在心中画出一出幸福小剧场
想象力刺激了味觉与嗅觉
味觉伴随着记忆，感受尝过的味道
留在味蕾里，让我们回味无穷

味道

和果子 —— 四季的味道

食味

桔梗

春天

樱花、春梅、柠檬，带着酸酸甜甜又涩涩的记忆。

夏天

紫阳花、绿豆仁、撒了盐巴的西瓜，是咸甜的记忆。

椿

秋天

枫叶、莲子、薏仁、白木耳，是厚实滑口的记忆。

冬天

山茶花、黑芝麻、黑枣，想起冬至汤圆的苦甜味。

红叶

あじさい

美感行动

感受味道，不一定要真正吃到，想一想春天是什么味道，用想的也可以画出一桌好菜。

美感，就是记录日常的美好滋味

Ingredients 春食
Spring

走一趟春天的市场，感受到生命力的美
刚刚摘下的翠绿色芹菜
连根拔起的白萝卜
还有点缀一点红的草莓与樱桃
绿色、白色与红色，串起春天食盘
尝一口春天的滋味
清甜中带着微微的酸
从二十四节气的角度看春天
大地回春，万物苏醒
绿色蔬菜是春天最重要的食材
将高丽菜、豆芽菜、红萝卜、绿色蔬菜
切成细丝包入饼皮，卷成春饼
就是美味养肝的春食

春食

绿
白
红

食味

春天的滋味

绿色食材

芹菜、菠菜、青葱

绿色是春天的代表色,最新鲜的蔬菜在春季,要多吃绿色蔬菜,加强免疫力。

白色食材

白萝卜、洋葱、豆芽菜、春笋

白色是春天的辅助色,不抢戏的清甜味道,是春天餐桌上不可缺少的配菜。

红色食材

草莓、樱桃、红萝卜

红色是春天的重点色,点缀一点酸甜的滋味,提升视觉与味觉,令人食指大动。

美感行动

一大早的传统市场,到处堆满时令蔬果,看起来一模一样,却又有各自独特的样貌与活力,走一趟市集,感受菜市场的活力。

美感,就是感受当季当下的活力

Floral
Print 印花

一块花布嗅出一个季节
别以为印花布是女生专有
其实,20世纪60年代嬉皮风盛行
男生通过印花衬衫与印花领带
大肆松绑内敛的情感与对自由的渴望
在织布与印染技术还不成熟的时候
印花、刺绣与装饰
需要繁复的工序与更高的成本
因此,印花具有高阶级与地位的象征
如今科技带动数码印花
布料用色与设计更加自由
印花成为传递文化与风格的代表

印花

小碎花 — 直线与曲线

衣嗅

直线印花

直线象征着次序与支配。如枝干、叶片、花瓣散落等，展现线性、规律的设计。

曲线印花

曲线象征着自由与轻松。如弯曲的藤蔓、一朵朵的花等，展现弯曲、扭动的设计。

混合印花

多数的印花组合，会结合不同方向的直线与曲线，有时也混搭抽象或具象的图案，象征某种程度的自由与某种程度的制约。

美感行动

床单被套，很多都是印花布，研究一下这些印花的图案设计与排列方式吧！

美感，就是撷取大自然的美，运用在生活中

Combo 春裳
Outfit

衣服的色彩呼应了四季的颜色
如果要帮春天选一个颜色
清新又温柔的粉红色应该是首选
穿上搭配季节的粉色调
仿佛也宣示春天来临
配搭时记得掌握原则
身上不超过三种以上的颜色
先抓出主色调，例如粉红色
再寻找不抢眼且融合主色调的色彩
例如白色、大地色、丹宁色等
就能展现春天柔和的协调美

春裳

粉红时尚

衣嗅

春装上市

粉红×白色

白色最能烘托粉色，如公主、王子般的优雅气质，通过白色，让粉红更显清纯粉嫩。

粉红×丹宁

粗犷的丹宁遇上柔弱的粉红，让粉色顿时增添帅气风采，男生女生都适合。

粉红×大地

大地色的低调对比，温润了粉红色的明亮，让整体舒适自在，提升好感度。

美感行动

除了粉红色，还有什么颜色可以代表春天呢？打开衣柜，组合出三种适合春天穿的配色吧！

美感，就是把自己当成最美的移动式风景

Corner 角落
Decor

转角遇到爱，转角遇到美
旅行买回来的纪念品
或是从小到大收到的小礼物
甚至搜集的小公仔玩偶等
布置在每天经过的视线范围
让每一次的路过，都能会心一笑
那何尝不是一种抚慰，一种小确幸
也许，你早就听过这个故事
某人为了让一朵美丽的花有栖身之处
重新打扫家里的角落
可见，美有魔力
让我们想改变

角落

小确幸 · 转角遇到美 · 住感

角落一
玄关×零钱钥匙

玄关是进出家门必经之路，准备一个有纪念意义的碗或盘子，拿来放钥匙、丢零钱。熟悉，也是一种美，这些角落会因为年年月月累积出家的味道。

角落二
冰箱×冰箱贴

搜集旅行地特有的景点冰箱贴，粘贴在冰箱上，每开冰箱一次，就打开一次美好的回忆。

角落三
房间×秘密宝盒

有些东西未必要展示出来，秘密宝盒里有好友手写的小纸条、舍不得丢掉的玩具、手绘的小图或珍藏的小物品等。把美好搜集进来，藏在宝盒里自己独享！

美感行动

试着打造一个春天的角落，你觉得适合放哪些东西来表达春天呢？

美感，就是激发我们改变现状

Festival 节庆
Gathering

节庆，点缀了我们一成不变的日常
让我们暂停步伐，调整身心
节庆也带来人情的暖味
串联成家人家族的共同回忆
特别是春天的节庆
有慎终追远、凝聚家族情感的涵义
有欢乐的妇女节与感恩的母亲节
这些节日刚好都跟花有关
让我们用新鲜的花瓣拼贴成立体花卡
传递心意给最重要的家人吧！

节庆 — 母亲节

家族记忆

（住）感

重复

一年一次的节庆活动，看似重复却累积出彼此的旧回忆与新期待。因为重复再重复，我们才有相同的情感，堆叠出共同的记忆。

相聚

一起吃顿饭，一起看部电影，一起逛逛街，形式不拘，谈天说地交换心情，相聚才能维系情感，让关系不断延续下去。

记录

拍张大合照、写下祝福心情，甚至动手做卡片、画张小图来留念，只要愿意记录，就能留住当下。

美感行动

将一束新鲜或人造康乃馨的花瓣一片一片剪下来，用相片胶粘贴在现成或自己手绘的卡片上，拼贴成有层次的立体卡片！

美感，就是藏在心中的一颗良善的种子，慢慢发芽茁壮

Spring calendar

春日手帐

每一天都是"美"的一天。留下这一季春天的痕迹，等待下一个春天的来临。请依据"色质形食衣住"等方向，记录专属于你的春日手帐。

色

想象春天应该是什么颜色的组合？写出或画出三种颜色。

把眼睛眯起来，观察你家客厅的家具摆设，是偏向明亮的高明度色彩，还是稳重的低明度色彩？

质

写下你赋予春天的形容词。

找出三个不同质感的容器（如玻璃杯、塑胶水桶等），摸一摸，感受不同质感的温度。

形

拿起手机，用三分法格线来构图，拍下春天的街景。

测量你家的窗户，有没有符合 1:1.618 黄金比例？

食

春天盛产青葱、韭菜、菠菜、芹菜、白萝卜等,你都喜欢吃吗?

草莓、蓝莓与樱桃,经常用来装饰蛋糕,你最喜欢哪一种口味?

衣

打开春天的衣柜,画下你最喜欢或最常穿的衣服款式。

找找看,家里有没有印花图案(如床单、桌巾、小礼服)?形容一下上面的图案特色。

住

给书桌一个美感角落,现在就动手打扫干净。

春天的节日里,有妇女节、清明节、母亲节,你最喜欢哪一个节日?为什么?

Summer

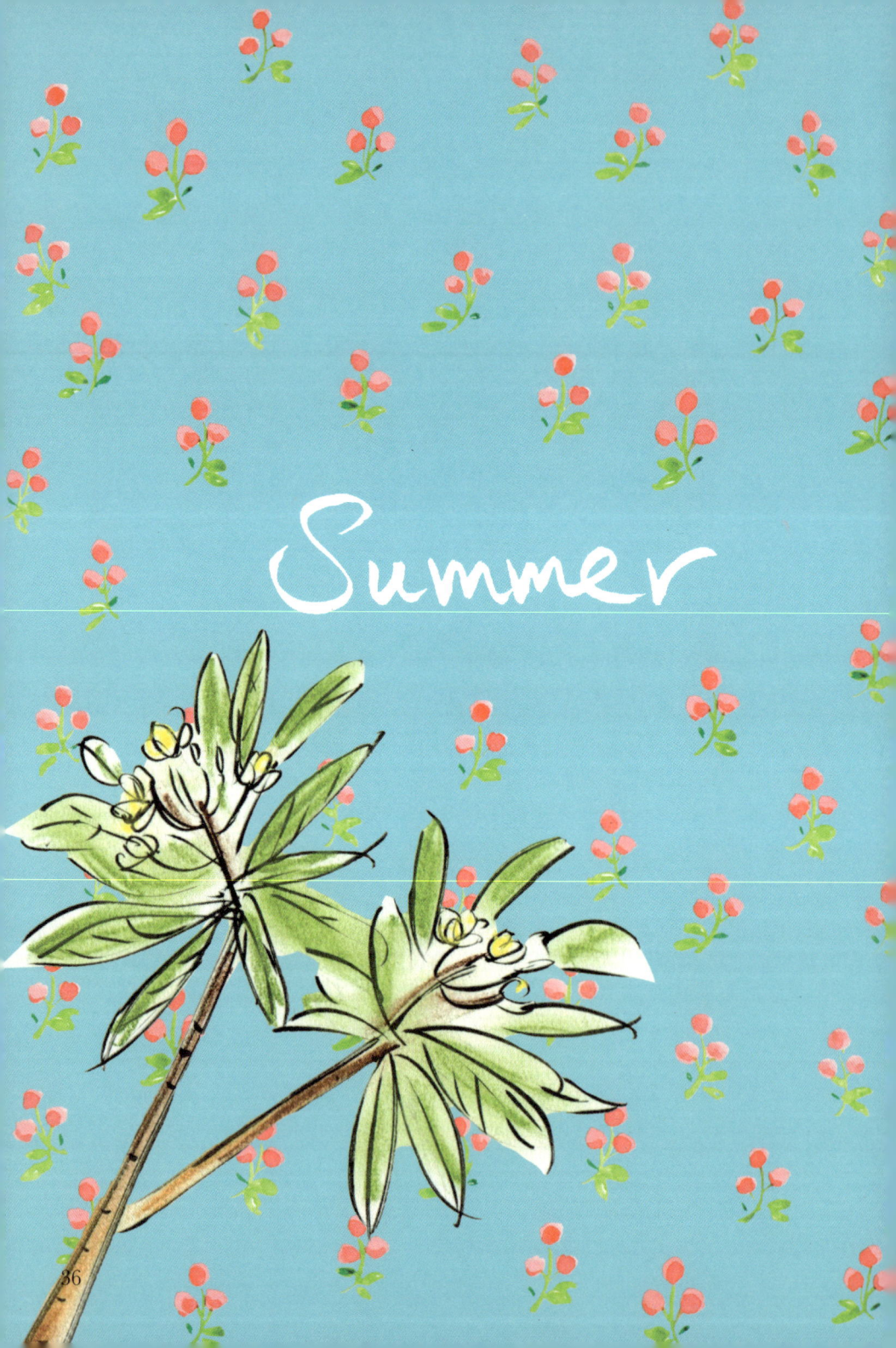

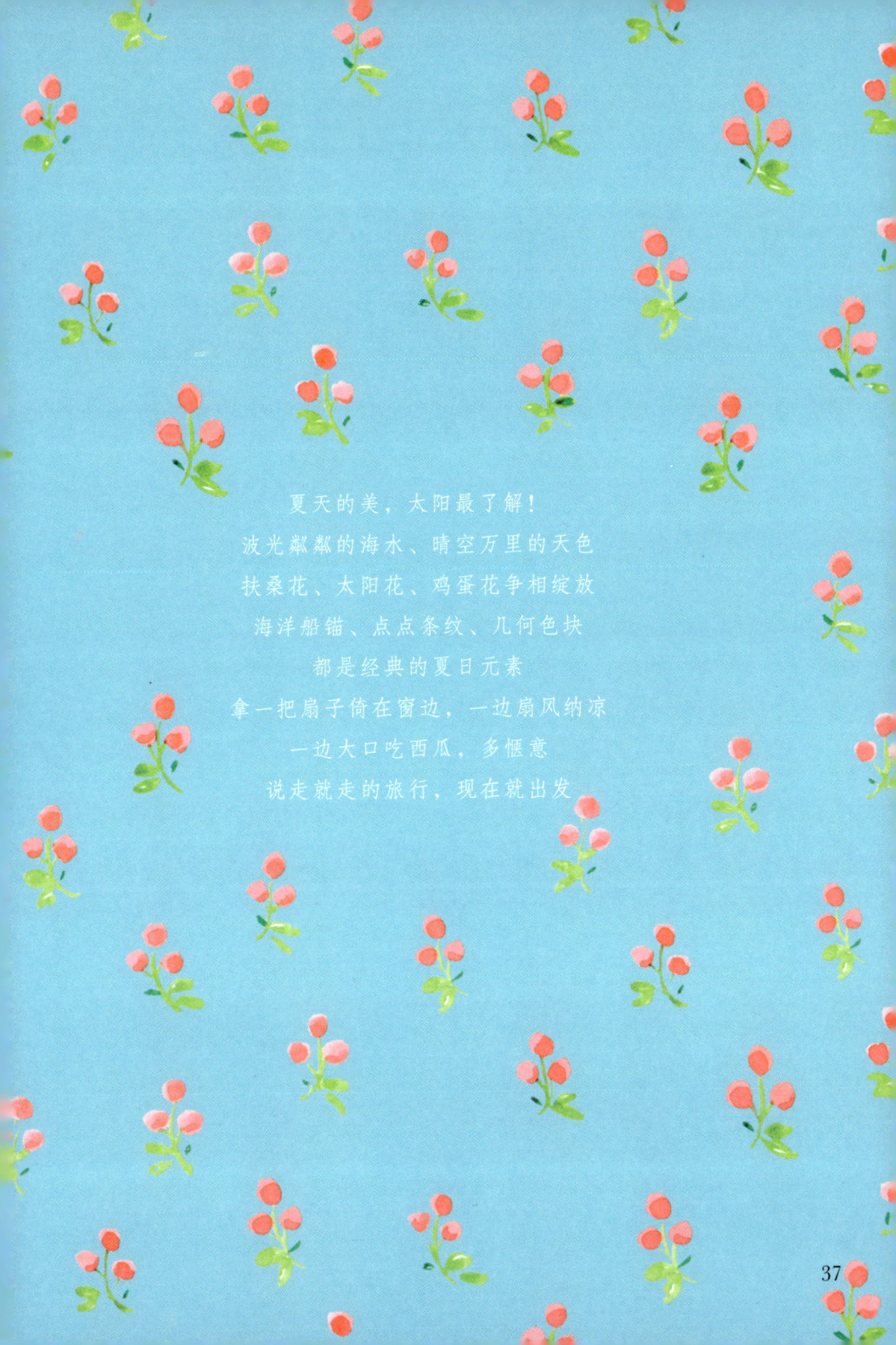

夏天的美，太阳最了解！
波光粼粼的海水、晴空万里的天色
扶桑花、太阳花、鸡蛋花争相绽放
海洋船锚、点点条纹、几何色块
都是经典的夏日元素
拿一把扇子倚在窗边，一边扇风纳凉
一边大口吃西瓜，多惬意
说走就走的旅行，现在就出发

Chroma 彩度

夏天的色彩在阳光照映下
显得特别鲜亮缤纷
就像红橙黄绿蓝紫
以最纯净的饱和度排列在色相环中
没有加一点白色、黑色或其他色彩
这就是最高彩度的纯色
纯色加入一点其他色彩，彩度就会降低
因此，彩度与明度不同
彩度是纯粹的原汁原味
明度是加白或加黑的明暗变化
高彩度不是高明度
低彩度却可能是低明度

彩度

强与弱 — 色彩饱和度

色视

正蓝色底　　灰蓝色底

∴ 彩度对比

两个不同彩度的颜色摆在一起,会显现相对性。例如暗蓝色的圆点,分别放在亮蓝色与灰蓝色的空间里比较,暗蓝色的点在灰蓝色衬托下,显得比较鲜明,在高彩度的蓝色下,显得比原来颜色更灰浊,这就是彩度对比。

∴ 心理刺激

我们会因为眼睛看到各种不同高低彩度,而反应出不同的心理刺激。借由高彩度的高注意力,可达成吸引目光、加强警戒且保持安全等效果。如黄色就被使用在红绿灯的黄灯警示上,连锁速食店的招牌,还有雨衣等物品上。

∴ 强弱特性

纯色的色彩饱和度最高,给人鲜艳强烈的感觉,随着彩度降低,就给人比较柔和放松的感受。因此大面积使用弱色,点缀一点强色,就能达成强弱平衡。

美 感 行 动

做个实验吧!找出至少2个同色日常物品,比较彩度高低,例如蓝色手机 PK 深蓝色零钱包。

美感,就是分辨彩度高低与明度变化,找到色彩平衡

Tone 色调

色彩的本质由色相、彩度与明度所组成
这三者交互作用，会产生一种感觉
称为"色调"或"调子"
相同调子放在一起时
就能营造出统一的色彩风格
例如高彩度的红、黄、蓝与绿色
组合成缤纷的明亮色调
让人联想到海岛风情
不同调性的配色，组合在一起
往往可以撞击出新的色彩调子
试着打破色彩既定位置，重新归纳组合
就能创造出色彩新风貌

色调

色彩调子 — 颜色的组合

色视

淡色╳浅色

纯色加入大量的白色，彩度会降低而明度会提高，呈现出柔美淡雅的淡色调、浅色调等。

明亮色╳活泼色

单独将纯色组合在一起，就是纯色调或活泼色调。稍微加一点白色，饱和度会再舒缓一点，形成明亮色调。

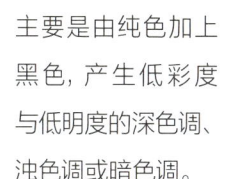

深色╳暗色

主要是由纯色加上黑色，产生低彩度与低明度的深色调、浊色调或暗色调。

灰色╳带浅灰色

当纯色加入灰色调时，有彩色就会出现带灰色调、中间色调、暗灰色调等。无彩色同样也能利用黑白灰，创造出深浅变化的灰色调、浅灰色调、暗色调等。

美 感 行 动

很多民宿的空间布置，往往会利用色调强调主题风格。如果是夏日旅游，你最想住进哪一种色调与风格的民宿呢？为什么？

美感，就是把颜色归纳起来的能力

Breeze
凉爽

夏日午后,风懒懒的,云热热的
真想躲进冷气房或在电风扇前吹风
若手上有一把凉扇,只需轻扇
就能传送清凉舒爽的风
风力大小的调整,还可以随手摇摆控制
扇子是古代纳凉之物
虽然冷气、电风扇、行动风扇等工具
早已取代人力扇子
随着环保意识抬头,我们重新拿起小扇子
一边撩清风
一边感受扇面上的诗情画意

扇子　夏天的风

凉爽

质触

::: 扇子的寓意

扇子的"扇"与善良的"善"谐音,所以扇子有"善良"与"善行"的寓意。扇子不只是用来扇风,也是文化交流的艺术品与表达身份地位的道具。

::: 扇子的种类

最早的扇子是羽毛制成的羽扇。后来开始使用圆形有柄的团扇,再后来发明了折扇。团扇不可折叠;可折叠的称为折扇。团扇温雅,折扇文气。

::: 扇子的材质

识扇先识骨,选扇子的三步骤:看材质、做工与上面绘制的书画。常见的扇骨材质是竹制的,不能太硬也不宜太软,整体硬朗光滑,且无明显斑点。

美感行动

除了传统扇子外,日常随手可得的材料中,哪些适合做成好看好用的纳凉工具(如一张纸对折就可以扇风)?

美感,就是文化传承的美感经验　43

Ventilation
通风

窗户的"窗",古字是"囱"
代表在墙壁上留一个洞
框内是窗棂,可以透光,也可排出烟
从字形上会意
能简单诠释出窗户的用途
窗户可说是一栋房子的眼睛
开关方式、位置形状、材质特性
都会影响采光通风与窗内外景色
不仅用来采光、通风、隔音及保暖
还具有表现住宅设计特色的美观作用
串起整条街道的表情

通风

窗框材质　街道的表情

质 触

木窗

实木做的木窗质感自然，摸起来有温度，隔音、隔热效果都很好。因为怕受潮受损，较常见于室内使用，具有很好的装饰效果。

铝合金窗

现代建筑中最普遍使用的材质就是铝合金，强度高、耐腐蚀、寿命长，并可通过喷涂加工成各种搭配外墙的色彩。

塑钢窗

以钢材为中心支撑，基本材料是塑料，重量比铝合金窗轻，摸起来是PVC塑胶质感。隔热、隔音效果很好，常见颜色以乳白色为主。

美 感 行 动

窗户是家的眼睛，试着从屋里往外看，再从屋外往里看，有没有不一样？窗户是街道的表情，边走边抬头欣赏街道两侧的窗户，感受不同材质的窗框吧！

美感，就是用手触摸，感受物体的质感与温度

Line 线条

一条线往上弯，好像在微笑
保持水平线，给人有点紧张的情绪
线条向下，会散发出不开心的感觉
线条，在几何学上讲求的是精准
本身应该是静止的
运用在日常的食衣住行时
线条会随着身体律动或物体移动而变化
线条有很多组合与变化的可能
把线条当成活的东西
通过线条感受物体的性格
如直条纹的衣服
穿在身上会跟着身体扭动而变成曲线
同一长度的直线，会因为
水平、垂直或倾斜方向不同
产生长度不一的错觉

同一段长度的线，因箭头方向造成视觉上有长有短

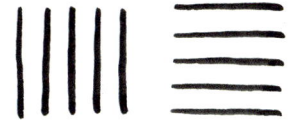

同样的大小，竖线看起来高，横线看起来宽

线条
有情绪的线

线条性格

形　听

直线

无论垂直、水平或斜线，都是直线。垂直线显得细长、轻快，给人理性、刚硬的力量；水平线同样具有理性与冷静的特质，但多了沉稳与安定性；斜线则较容易产生不安定或延长的感觉。

曲线

弯曲扭动的线条，给人温和、柔弱、优美的感觉，相较于直线，更具有立体感。

虚线

断断续续的线条，比起直线更显柔软活泼，也比曲线更温和柔软，无杀伤力。

美　感　行　动

用一条线当嘴巴，改变不同角度方向时，可以出现几种表情符号？画下来看看吧！

美感，就是用不同角度看到有趣的表情　47

Rhythm 韵律

这首歌真好听,旋律朗朗上口
通过音符的重复排列,产生动人乐章
这就是节奏产生的韵律美
美的排列组合中,首要整齐
再来就是通过有规则的变化
产生重复的韵律
当物品排列与线条不断地重复再重复
由大到小、由小到大的渐变
或规则、不规则的周期性变化
如点点图案、几何图形、动物图纹
都能感受到这个美好的律动

韵律
排列组合
形 听
重复再重复

▓ 双色条纹 ▓

源自法国的渔夫服与海军制服的蓝白水手服,以双色横线重复排列出横纹图案。当时人们对条纹数有严格规定,衣服由21道宽10mm,间隔20mm的蓝白条纹组成。据说是基于安全考量,有助于落水者被人发现。也有一说21条线代表拿破仑舰队对抗英军的21次胜利。

⁝⁝ 大小点点 ⁝⁝

拿起点点印章,以等距离同方向持续盖印,看起来重复单调,却有凝聚、强调的效果。用大小圆点组成的图案,称为波尔卡点(Polka Dot),最早流行在19世纪后期的英国。日本现代艺术家草间弥生的许多作品,更大量使用不规则的波尔卡点。

▦ 黑白格纹 ▦

1981年鞋厂从青少年涂鸦得到灵感,推出黑白格纹鞋。次年受到好莱坞影星西恩·潘(Sean Penn)青睐,出现在电影《开放的美国学府》(*Fast Times at Ridgemont High*)的特写镜头里,导致全世界疯狂抢购,到现在仍是刷街率高的代表鞋款。

美 感 行 动

你身边有哪些东西是条纹、点点或棋盘格的韵律图案呢?找出来看看吧!

美感,就是从日常穿搭,发现美感构成的韵律美

Gradation
渐层

来一碗刨冰消暑吧!
夏日限定的芒果冰,是必吃的甜品
各色各样的冰品,用当季的水果
调配出新鲜酸甜好滋味
红橙黄绿蓝紫所有颜色,在夏天冰品里大集合
就像彩虹令人眼睛一亮,食指大动
想自己动手做冷饮吗?
利用蝶豆花的天然花青素,遇碱性环境呈现蓝色
中性呈现紫色,酸性呈现粉色的特性
配合温度及步骤的掌握,就能调出美丽的渐层饮

夏日冰品 渐层 梦幻星空饮

食味

材料

基本材料
蝶豆花、冰块、柠檬

基底饮料
汽水、蜂蜜水、牛奶或柳橙汁等

步骤一

1. 干燥蝶豆花加热浸泡出蓝色花青素汁，放凉备用。
2. 柠檬一半挤汁，一半切片备用。

步骤二

1. 基底饮料倒入玻璃高脚杯或冷水瓶，约2/3满。
2. 冰块放满到杯口，可缓冲、隔绝色彩，避免混色。
3. 慢慢倒入蝶豆花饮，呈现渐层。
4. 杯口插上柠檬片，滴入少许柠檬汁，花青素遇酸，会呈现漂亮的粉红色。

美感行动

调配好的蝶豆花饮料，可别急着喝。放在阳光下欣赏或拍照，感受奇幻如星空般的色彩渐层美。

美感，就是把厨房当成美感实验室

Ingredients
Summer 夏食

小暑一过，一日热三分
依据五行节气，夏天属火
五脏中的"心"脏也是属火
在夏天就是要养心，保持心情愉快
吃西瓜、炖冬瓜，再来一碗绿豆汤
"夏天吃瓜，冬天吃菜"
夏天有雨季或台风
叶菜类的成长受天气影响
多选择根茎瓜果类来替代
冬瓜、丝瓜、茄瓜、小黄瓜等
都是补水降火气的好食材

夏食

养心补水

食味 夏天的滋味

瓜类

冬瓜、丝瓜、茄瓜、小黄瓜

夏季是瓜类盛产期,瓜类的共同特点是水分充足,有利于除烦解暑。其中冬瓜含水量高达96%,是瓜类之冠。

水果类

西瓜、芒果、荔枝、火龙果、水蜜桃

夏天的水果色调偏向橘黄与红色,主要是因为这些果实在发育成熟过程中,叶绿素逐渐被破坏,留下类胡萝卜素或花青素的颜色。

蔬菜类

空心菜、苋菜、芦笋、秋葵、芝麻菜

夏日蔬菜需具备不怕热不怕湿的特质,空心菜、苋菜是最典型的代表。

美感行动

空心菜遇热容易变黑,炒一盘有美感的空心菜,诀窍是火要大、速度要快,过程中加少许柠檬汁或醋,就能保持鲜绿哦!动手试试看。

美感,就是色香味美俱全　53

Symbol 符号

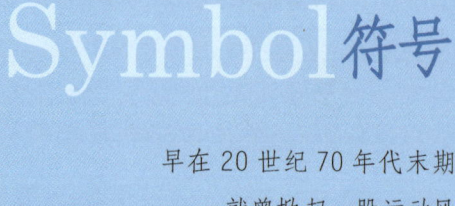

早在 20 世纪 70 年代末期
就曾掀起一股运动风
美国影星简·方达（Jane Fonda）
发行了一盘运动录像带，大跳有氧舞蹈
引领全球运动热潮
带动模仿啦啦队、运动球员的穿着
如今，运动美学重新洗礼时尚圈
科技素材的日新月异
改善运动过程的湿热难耐
清爽透气且不容易产生汗臭味
色彩处理上更具有耐色度
提供更缤纷鲜艳的色彩
提升运动服的设计美感

符号

标志数字

衣　嗅

时尚运动风

队号数字

球衣背面的数字，是为了清楚辨识上场的球员，因此数字总是与衣服色彩互补对比，呈现出大字、粗体且轮廓清晰的字形，数字也成为运动时尚的设计重点。

标志文字

运动服会放上团队的队名或Logo，展现团队一致性。延伸至时尚设计时，这些文字也会化成标语，传递想法、立场、理念与口号。

拼接色块

运动是一种动态行为，穿上色彩鲜亮且多色拼接的设计款，搭配肢体自由伸展，每个角度看到的色彩都有不同的切割变化。

美　感　行　动

学校的运动服，通常以双色撞色为设计，你觉得哪一所学校的运动服最好看？具备哪些时尚运动元素？

美感，就是从功能性提升到美观性　55

Combo 夏装
Outfit

把棉被、衣服拿来做日光浴！
晒得暖呼呼的捧在手上
靠近闻，会有被阳光拥抱的幸福感
夏天的衣服着重凉爽通风
棉质最天然舒服
机能材质最透气排汗
T恤短裤是不分男女的夏日便装
注意材质的吸汗、排汗、舒适凉爽外
还要考量配色问题
选择高明度与冷色系
蓝与白，最能代表夏天

夏装

蓝天白云衣橱 穿出夏天

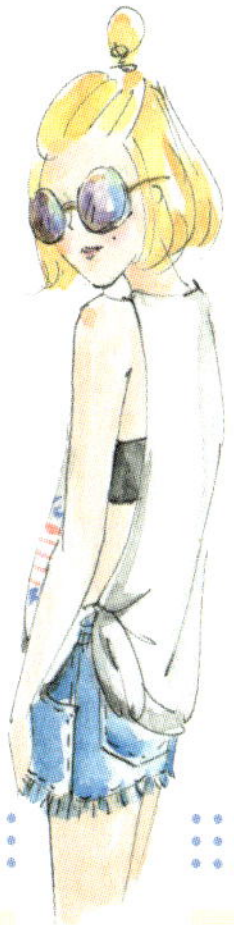

::: 蓝色×蓝色 :::

上下身衣服颜色相同，具有一致性，且有显高显瘦的效果。若要避免同色的单调呆板，可运用色阶的变化，展现深浅层次的同色系配色。

::: 白色×白色 :::

白色搭配白色，可通过材质变化出不同的感受。如有弹性的针织白T恤，有粗纹理的麻纱白裤子，亮白细致的皮面球鞋。不同的质感让白色不只是白色。

::: 蓝色×白色 :::

蓝白配给人蓝天白云、海洋天空的清新气息。除了以色块大面积搭配成上蓝下白或下白上蓝外，也经常被运用在蓝白横纹或竖纹的图案设计上，是经典的夏日配色。

美 感 行 动

找出衣柜里所有蓝色及白色的夏装，试试看可以配出几种穿搭组合？

美感，就是不断尝试与练习，提升美的敏锐度

Herbs 绿植

阳光、空气与水，一起来享受绿生活
孕育种子，需要一点天时地利人和
不如直接买一盆香草回家更方便
首推迷迭香、百里香及绿薄荷
只要日照充足、水分控制得宜
有事没事都要修剪枝叶
不只拿来闻香欣赏
还要让香草尽情发挥全方位功效
准备冰棒棍、纸卡、色笔及贴纸
为香草盆栽做花插
写上香草名称、特质与注意事项
布置属于自己的小田园

香氛生活 **绿植**

住感 夏日香草

Rosemary

::: 迷迭香 :::

靠近闻有浓郁的香气；加入饼干或糕点烘焙，散发淡淡青草香，也是肉类的最佳佐料。令人食指大动的迷迭香烤鸡，就是将鸡加入迷迭香、大蒜、橄榄油、少许胡椒盐一起腌渍，再进烤箱烤至微焦。

Thyme

::: 百里香 :::

散发优雅香气，淡淡柠檬味，适合泡茶喝，也适合拿来装饰摆盘。百里香更是西餐的香料灵魂，煎牛排、熬汤、炖肉，品甜点、面包或茶，都会见到它的踪影。

Spearmint

::: 绿薄荷 :::

闻起来有点绿箭口香糖的气味，只要用手摇动一下叶子，空气立刻清新舒爽。剪下来的叶片，经常被放在饮料、甜品、蛋糕或色拉上点缀装饰，直接冲泡茶饮，也十分沁凉消暑。

美 感 行 动

选一种你喜欢的香草来种植，让香味走进生活里，享受香草的多用途。

美感，就是绿化生活 59

Ceremony
夏祭

夏至过后，就是端午、七夕
农历五月五的端午节
是结合味觉与嗅觉的节日
享受端午粽香，香包也香香
农历七月七的七夕
是视觉、听觉与触觉的节日
在喜鹊的祝福下，交换彼此的心意
节日的意义各不相同
都让我们有理由跟所爱的人聚集庆祝
人与人之间的感恩回馈
就是最美也最值得回味的画面

菖蒲

艾草

端午七夕

夏祭
住 感

爱与分享

庆端午

吃粽子包中
快考试的学生、求子的父母，都要来一口粽子，取谐音包"中"。

戴香包驱蚊
传统的香包强调避邪驱瘟，里面清香宜人的药材，也是蚊虫克星。

蒲艾榕叶好兆头
菖蒲形如利剑，寓意斩妖驱魔；艾草的气味有驱除蚊虫的效果；榕树叶有避邪的作用。将这三种叶子悬挂在门口，祈求保佑。

立蛋好好玩
正午全家大小一起玩立蛋，比一比谁最快把生鸡蛋直立起来，代表来年鸿运当头。

结伴游调心
传统习俗里，男女老少会穿上新衣服去郊外踏青，晚上用艾草、菖蒲煮水洗澡去晦气。现代人到户外走走，也有转换能量的意义。

榕叶

美感行动
南北各地的粽子各有特色，你最喜欢吃哪一种粽子？请观察比较，并拍照或画出粽子的外观特色、内馅食材等。

美感，就是让传统文化历久弥新，不断传承下去

Summer Trip 手绘旅行

利用暑假，安排一场夏日旅行吧！学习用更细腻的眼光感受旅程的人、事、物，不走马观花，也不忙着拍照。出发前先做足功课，研究当地特有的食衣住行，做好行前笔记。旅行过程中，边玩边画、边搜集、边记录。不用讲求涂鸦技巧，重点在于真实的感受。不会画就写，或是拼贴旅游地的票根、收据、名片等，也是一种方式哦！

时 & 地（写下旅游日期与旅游地点）

出发前印象功课

食（搜集旅游地的美食，写下你最想吃的食单）

衣（搜集旅游地的传统服饰或当地穿着特色）

住（查询旅游地的建筑特色或观光景点）

行（查询游逛旅行地所需的交通工具，是否有特殊的交通方式）

出发后五感涂鸦

视 画下这趟旅行中印象最深刻的景点,如红砖瓦平房。

听 在旅游过程中,你听到哪些声音?海浪的声音?嘈杂的人声?……都可以记录下来。

味 你吃到哪些食物?请尽量画出一道道美食,如一碗冰、一杯冷饮。

嗅 你觉得这个旅游地充斥着哪些气味?如鸡蛋花的花香。

触 你在旅行过程中,接触到哪些特殊的人、事、物?如石头、贝壳、问路的人等。

Autumn

天凉好个秋!
风清、萧瑟、月圆、乡愁……
点出秋瑟、秋景与秋意美
秋日是温和中性的大地色系
介于夏的炽热与冬的冰冷
随着节气转变,回归秩序、节奏与圆满
走向中庸之道,安顿身心
就像洋葱式的穿搭一样
此时的美,是保持弹性,调整自己
与大自然相互尊重与适应

Harmony
调和

调和，不是单一概念
包含对称、均匀、比例与秩序等综合性
当两个或两个以上的色彩相互配搭
产生和谐的现象，就是色彩的调和
理想的调和，是从秩序中产生
并在统一中求变化，或变化中求统一
高雅、华丽、活泼、沉稳……
都是配色产生的感受
不同颜色撞击出不同的调和性
也可能产生俗气、混乱与不舒服感
配色需要观察与练习，比较与感受
创造和谐色彩

12色相环

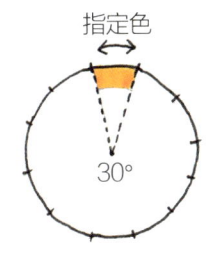

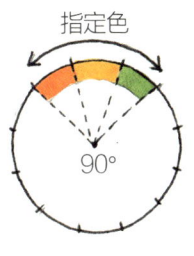

指定色 30°

指定色 90°

色环角度　调和

色视

同色与类似

⋮⋮ 色环角度 ⋮⋮

将12色相环分配成12个刻度，每个刻度30°。调配色彩时，依据角度不同，归纳出各种色彩的调和现象：

同色系→30°以内

类似系→90°以内

中差调和→
120°相对位置

补色调和→
180°对角线位置

⋮⋮ 同色调和 ⋮⋮

同一家族血缘相通，配在一起很柔和。0°~30°都是单一色相的配色，通过明度或彩度高低产生层次变化。例如指定色是黄色，可自由搭配高明度低彩度的粉黄色，或低明度低彩度的深黄色。

⋮⋮ 邻近调和 ⋮⋮

锁定一个指定色，色环角度左右移动，约在90°以内，即类似色的调和。简单来说，就是左邻右舍的配搭，例如指定色是黄色时，左边是黄橙，右边是黄绿。因为共同色都是黄色，所以容易调和，彼此有默契，给人和谐相容的感觉。

美 感 行 动

捡起一段秋天掉落的枯枝，观察一下，它是由哪些颜色调和而成。试着拿出水彩，将这些颜色晕染在一起，感受大自然的调和美。

美感，就是把配色当游戏，多比较多练习

Auxiliary

中介

太多颜色放在一起,容易造成视觉疲劳
也容易引起颜色间的不和谐
如何让众多色彩和平共处?
黑色、灰色、金银、大地色系等颜色
就是扮演两色中间桥梁的最佳"和事佬"
大面积的灰白色墙壁
烘托客厅的红色沙发
黑色皮带
串联上下不同色的衣服
通过中介色彩隔离
达成色彩间的缓冲与调和

中介色视

缓冲色彩 主色辅助色

黑白灰

同样色彩搭配黑色或白色，结果不一样！黑色会吸附主色调的部分光彩，让整体配色更成熟稳定；白色会提升主色调，让整体看起来更年轻有活力；灰色则是不温不火，展现优雅的平衡感。

大地系

近乎无色彩的低彩度，如浅卡其色、灰蓝、灰绿、灰黄等大地色彩，也是配色的好选择。这些颜色低调不彰显自己，适合搭配各种色彩，呈现淡雅气质。

金银

金色与银色，具有镶嵌作用，在所有色彩中独树一帜。搭配金色显得华丽，搭配银色较为高雅，各有特色。

无色彩与大地色的整体穿搭，凸显出口红的红与发色的黄。

美感行动

哪一种颜色的鞋子最好搭配衣服？黑色？白色？大地色？还是其他色彩呢？

美感，就是不断调整、找寻及协调的过程

Contract
粗细

拿筷子吃饭，是东方的饮食习惯
原始人用手抓食物吃，后来怕烫手
就拿起树枝夹取滚烫的食物往嘴里送
于是，出现了筷子
经过长期的发展
中式的筷子逐渐形成头圆尾方之形
日式的筷子前端比较细尖
韩式筷子则是平平扁扁的
别小看筷子，很多家教与礼仪
都藏在这双筷子里

粗细　一碗饭

质　触

日常的筷子

::: 筷子特色 :::

筷子的使用，讲究配合和协调，是优雅的杠杆原理。一根动，一根不动，才能夹得稳。两根都动，或者两根都不动，就夹不住。

::: 筷子礼仪 :::

中式筷子垂直放在碗的右边，日式筷子则以横式放在筷架上。记得要等长辈动筷，晚辈才动筷；不能夹了菜再放回去给别人吃；放下筷子时，要把筷子对齐放回筷架。

::: 筷子禁忌 :::

千万不能将筷子直直插在碗上，也不宜横放碗上。取用食物时，不要拿自己的筷子去夹取别人筷子上的食物，更不能拿筷子指人或横跨过别人的筷子，这些都是禁忌。

美 感 行 动

准备一双自己喜欢的筷子，随身携带！一方面环保卫生，一方面也是对一粒米、一碗面、一盘菜的尊重。

美感，就是礼仪与家教的文化传承

Order
秩序

小时候最常听到妈妈在厨房里喊
快来帮忙端菜摆碗筷
准备吃饭啦!
长大后,我也这样训练孩子
上菜前,将餐桌整理好
铺上餐垫并放上个人专属筷架
筷子与碗盘
通过观察与思考
随食物种类选择餐具的材质形状
及搭配合宜的色彩图案
随四季与餐点风格
改变桌垫、桌巾与摆设方式
将摆盘、摆碗筷当成品位的学习

秩序

上菜了

摆盘摆碗筷

质　触

摆盘重功能

摆盘的前提在于符合目的性，例如有汤水的食物要放在稍有深度的盘内，不能为了美观放在平盘造成外溢。学习判断食物与碗盘之间的对应，就靠日常多练习，从中得到经验。

餐桌要整齐

摆碗筷是准备开动的仪式，搭配一人一个桌垫的好处是让用餐有个人区块。放置筷子、汤匙与碗盘时，可以有明确整齐的位置。至于餐具数量与色彩配搭，可随着菜肴特色而异。

餐具佐佳肴

餐具搭配需有整体个性，可以对比，也可以协调。如白米饭放在粗面陶碗里，产生对比感，凸显米饭的粒粒分明。若是放在白色骨瓷碗里，则呼应米粒的光滑弹性。不同碗盘对应出不同美味，试一试，多比较。

美 感 行 动

你最喜欢或最常用的碗盘筷子是怎样的材质、形状与图案？有没有特别的故事可以分享？

美感，就是找到杯盘餐具最好的位置　73

Collection

集合

枫叶正红秋正浓
走在幽幽的山间小径
落叶枯枝随脚步唱和起舞
"嚓！嚓！嚓！"的细碎声音，是秋天的吟唱
拾起飘落的红叶，伴随一些枯干的树枝
干燥粗硬的质感
跟春天的嫩枝嫩叶天差地远
季节让颜色改变，让质感跟着变化
枫叶就像季节的试纸
由绿转黄再变红
争相斗艳，如火如霞
来趟赏枫之旅，享受秋天的天籁

集合

枫叶红……

秋天的吟唱

形 听

落叶正飞舞

一抬头,枯黄的叶子随着风,在空中盘旋,一转身就飞舞落下,再随风轻轻扬起,与地上的落叶聚集共舞,波浪起伏充满律动美!

赤脚踩落叶

将满地枯干的落叶当琴键,用我们的脚,忽快忽慢地跳着敲响枯叶。窸窸窣窣的,仿佛是秋天的声音,是叶片在脚下的叹息声!

拾枫做标本

挑选刚落下不久、完整无破损且没有虫蛀的落叶,清干净泥沙,上下用A4纸小心包覆,夹入厚厚的书本里压平十天以上即可。

美感行动

从每一个季节选一片代表性的落叶,做成四季标本书签,记录四季变化。

美感,就是接近大自然,聆听大自然的声音

Tempo
节奏

悦耳的声音充满魅力，让人深深着迷！
光听声音就能赢得人心
听他们说话是享受
好听的声音需注意音调、咬字与音量
娇嗲低沉、浑厚沙哑各有特色
重要的是分辨场合地点与对象来说话
最怕是官腔官调、含糊不清、声音太小

人与人的对话，是生命力的交谈
需带有情感的回应
再搭配适宜的声音表情
才能通过说话
形成沟通、说服与安抚的力量

节奏 — 悦耳动听

声音的魅力 — 形 / 听

音调速度

日常说话不需要强调抑扬顿挫，过度高亢的说话音调，易让人反感！过于平淡的音调，易给人欠缺情感且有气无力的负面感。说话过程尽量维持最高音与最低音相差在五个音阶左右，随时调整说话节奏，不要忽快忽慢。

音量大小

音量太大很刺耳，音量太小没自信，说话糊在一起喃喃自语，让人不知所云。音量要能听出轻重，依据说话内容需要可适度调整大小。天生音量小且虚弱的人，记得放慢速度，让发音正确，就能弥补不足。

咬字清楚

对着镜子练习，看自己说话的表情、听自己说话的声音，找到自己的语速，如果连自己都听不清楚或不喜欢自己的说话方式，别人也很难理解你所要传达的意思。

美感行动

洗澡时唱唱歌，可以舒解身心疲惫；洗澡后对着镜子说说话，可以增加自己说话的魅力，提升自信心。

美感，就是通过语言传递感情，并达成沟通

Style 风格

带着自己做的轻食点心
提着藤编篮与野餐垫
约家人朋友一起来野餐
坐在草地上树荫下
享受秋天微风轻轻拂过
一场有风格的户外野餐
需先确认主题、元素与色系
从餐垫布置、食物准备到服装穿搭
都要呼应风格
如英伦风野餐会,主要元素是格纹
色彩以英国国旗红蓝白为主
准备一些带有英国小骑兵
泰迪熊、米字旗等元素的装饰品
让野餐就像是派对

风格 — 主题野餐日

郊游趣 · 食味

野餐垫 + 三角旗

野餐垫是一张餐桌，三角旗是区隔空间的小屏风。原木系的图案与乡村风很搭，红白条纹图案很美式风，小碎印花就是复古风，点点图案好日式。在草坪上铺野餐垫，在树上挂着三角旗，打造有特色的野餐氛围。

藤编篮 + 三明治

野餐的食物一定要放入藤编篮才对味。例如寿司、三明治、小点心。铺盖一块印花布，让食物可以得到更好地保护和保温。记得餐具杯盘也要准备好，避免使用一次性的塑胶餐盘或纸杯，减塑低碳是野餐应有的态度。

遮阳帽 + 一本书

野餐装扮要搭配风格色系、方便坐卧且好行动的款型。通常长袖比短袖好，长裙比短裙方便，宽裤比紧身裤自在！准备太阳眼镜与遮阳帽，悠闲地在阳光下看看书、弹吉他、发发呆，多么舒适又惬意！

美感行动

设定主题风格、元素、色调，规划场地与时间，分配好餐点食物与餐垫布置等工作，和家人或三五好友穿上相同风格的服装，一起来办秋日风格野餐会吧！

美感，就是一种风格　79

Ingredients
Autumn 秋食

晒柿子是秋天限定的美景
一颗颗金黄硕大的柿子
放在棚架上做日光浴
感受空气中阵阵甘甜的香气
秋天以"收"为原则
万事万物慢慢趋向收敛
养生润肺成为食补重点
尤以山药、莲藕、牛蒡为代表
这些白色食物的气味不强烈
适合与其他菜色配搭
通过白色的点缀，提升盘中的
明亮感与美味协调

秋食

秋燥润肺

食味 秋天的滋味

白色蔬菜

莲藕、山药、牛蒡

白色是秋天食材的主色,中医有所谓"色白而入肺"的说法,趁着秋天盛产,多吃白色蔬菜。

白色水果

水梨、文旦柚

吃柚子、戴柚皮帽,一边赏月一边吃月饼,节日通过饮食文化,紧密联系人与人之间的情感。

黄色食物

柿子、南瓜

还没有烹煮前,不妨将柿子与南瓜放在餐桌上欣赏,利用当季蔬果布置餐桌。

美感行动

挑莲藕先数孔。莲藕有几个孔?据说七孔软糯适合煮汤,九孔甜脆适合凉拌。吃莲藕时记得数一数,看看口感是不是真的不一样。

美感,就是发现与感恩大自然的美　81

Dyeing
染布

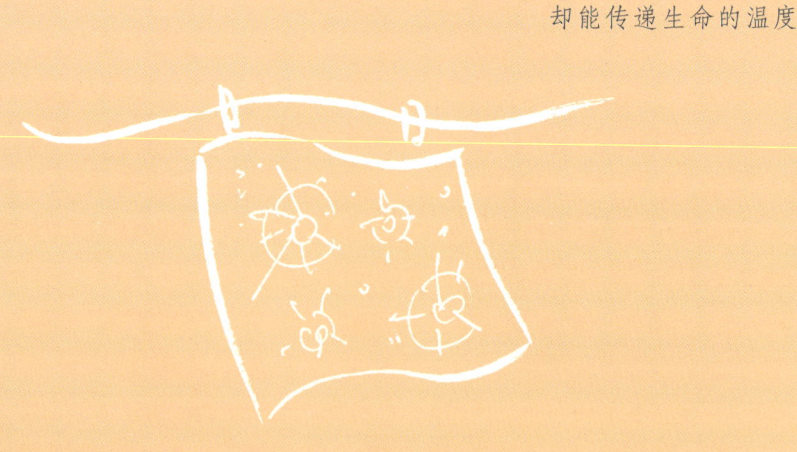

愈是生活在科技代劳的时代
愈要在乎无可取代的手工价值
享受美丽的外观之余
也别忘记选择对环境友善的材质
避免过多添加合成与化学染剂
造成环境破坏与污染
搜集用不到的果皮落叶当染剂
落实环保绿时尚
让自然中的美好循环下去
天然植物染料也许不如化学染剂鲜亮
也较容易随洗涤次数与使用磨损而掉色
却能传递生命的温度

染布

拈花染草

衣嗅

天然植物染

染剂材料

剥下来的洋葱皮、过期茶叶,还有樟树、榕树、芒草、苏木或核桃,都是不错的天然植物染材。使用前先将叶片剪成小片,树枝也要切成小段备用。

煮出色料

染材和水的比例约为1:1,干材要预泡30分钟,再以中小火煮开过滤。树枝、根、果实大约需要煮1小时,花、草、叶等约煮20~30分钟。可视自己喜爱的深浅加减水分,并将各种不同植物染料自由混色,创造更多色彩变化。

手染美学

准备一块100%棉的布块或手帕,以折叠夹紧,扭捆打结或以棉线捆绑、橡皮筋缠紧缠绕等方式,制造晕染纹路。

煮染过程可加入盐或白醋,帮助布料更好上色。煮染后等冷却,再冲洗到没有色料流出,即可打开晾干整烫。

美感行动

用植物变魔术,染出各种美丽的色彩!薰衣草有天然的紫色,火龙果有天然的红色,蝶豆花可以染出蓝色,你还想到哪些植物可以染色?

美感,就是让自然中的美好循环持续发生

Combo
Outfit 秋裳

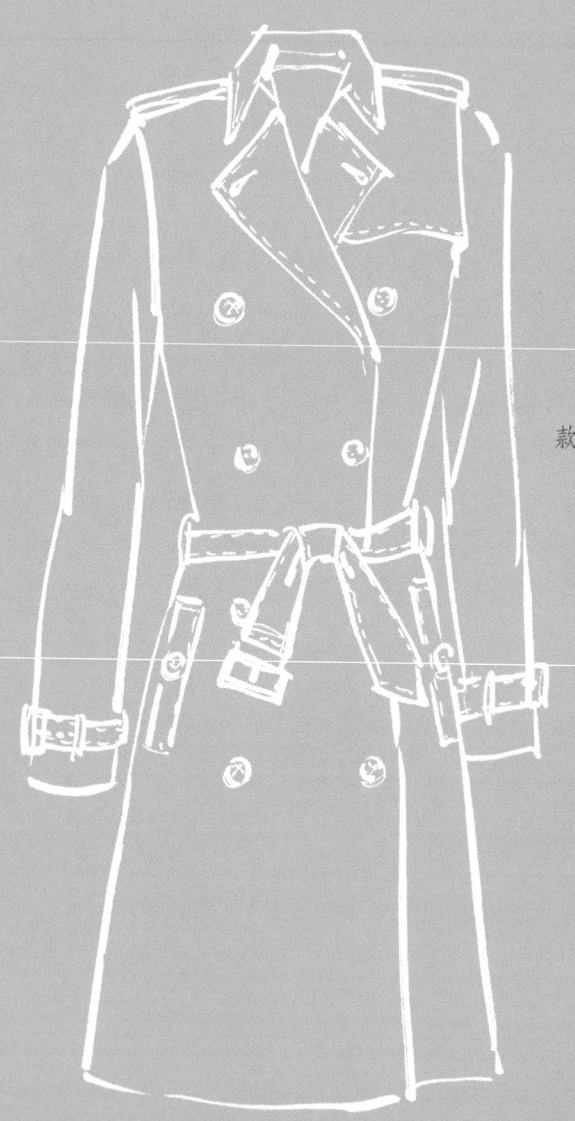

秋风微凉，日夜温差大
服饰的配搭需要更灵活的组合
以多层次的洋葱式穿搭为原则
由薄到厚，由内向外
最吸汗透气的穿最里面
能保暖挡风的穿最外面
就能应付忽冷忽热的温差变化
三层式的穿搭，重点在质料
款式色彩可视个人喜好自由调整

秋裳

由内而外

洋葱式穿搭

衣嗅

第一层
吸汗舒适

靠近肌肤的衣服，最需要舒适、吸汗与透气的材质。内衣之外，棉T是很好的内搭，也是一年四季百搭的款式。

第二层
轻薄保暖

这一层就像夹心饼干，可依据自己的喜好挑选衬衫、针织衫、毛背心或卫衣，避免材质厚重，以有保暖效果且好穿脱为原则。

第三层
挡风防水

最外层的大衣，需要有挡风与防水效果。经典的风衣、多口袋的军外套或防水机能夹克，都是不错的选择！遇到气温骤降时，也可随身携带围巾加强保暖哦！

美感行动

试试更方便轻盈的玉米式穿搭法，内层搭配发热衣或简单的圆领衫，外面选择保暖防风的大衣，一厚一薄，一内一外的两层穿搭。

美感，就是在得体与舒适之间取得平衡

Mid-Autumn
圆满

赏月圆，吃月饼，求圆满！
这些寓意深远的习俗
总是带给我们希望与力量
提醒我们凝聚家族家人情感
一起过节相聚庆团圆
感受彼此的关怀与祝福
心暖了，就没有缺口
事事就能圆满平和

中秋节 — 圆满

月圆人圆

住感

∷ 中秋传说 ∷

秋天的中期,称为中秋。这一天的月亮比其他月份的满月更圆更亮,仰望天空明月,会让人有思念之情,期待团圆相聚。嫦娥奔月、吴刚伐桂或玉兔捣药,都是中秋传说。

∷ 月饼团圆 ∷

赏月吃月饼是中秋节的传统习俗,月饼是分送亲友,联络感情的好赠礼。八月十五月正圆,与家人一起共享月饼共欢乐。

∷ 柚子柚帽 ∷

中秋节前后正是柚子盛产期。"柚"与保佑的"佑"同音;柚子又与"游子"(回家团圆)、"有子"(早生贵子)谐音。这些吉祥的寓意,都让人大啖柚子之余,也想讨个好彩头。

美感行动

想到就要行动,现在就打电话约见面,随便找什么理由都好哦!只要愿意花时间聚在一起,交换彼此生活,就是一种圆满美好。

美感,就是感受人情温暖　87

Halloween 造型

万圣节是西方的传统节日
万圣夜也是孩子们的欢乐时光
假鬼假怪的各种造型服装
有黑色的蝙蝠、巫婆
红色的吸血鬼獠牙、伤口血液
橘黄色的南瓜
还有白色幽灵、骷髅头
组合成万圣夜的惊奇
原本应该令人恐惧害怕的妖魔鬼怪
通过大家的创意
变得可爱俏皮多造型

TRICK or TREAT

造型

万圣节 搞怪派对

住感

::: 南瓜派对 :::

每年3～10月是南瓜产季，除了可以吃到美味营养的南瓜料理外，还可买到不同颜色、不同造型的观赏用南瓜。随手在南瓜上画一张鬼脸或拿刀刻一个图案，就是很应景的装饰品。

::: 红色派对 :::

血液的红色是万圣节的代表色。找出所有红色食材来置办宴席，如番茄意大利面、甜菜根果汁、火龙果沙拉，还有涂满草莓酱的吐司点心等，都是应景有趣的红色料理。

::: 黑色派对 :::

黑色是有距离感的神秘色彩，象征黑夜与黑暗。巫婆、蝙蝠、吸血鬼，都穿上黑色外衣，才有令人惧怕的气势。

美 感 行 动

用手边常见的食材，做出万圣节特有造型点心，如杏仁果手指饼干、草莓木乃伊吐司或怪表情棉花糖！

美感，就是怪美的　89

Autumn 秋日书签
Bookmark

诗人笔下的秋天，总是有丝丝的苦味、淡淡的伤感，有些惆怅孤独，却又充满希望。学诗人抒发情感，用文字捕捉秋天的美。配合不同主题，在书签上写下你看到、想到、听到的励志小语，也可以装饰一片落叶、花瓣，画一点涂鸦或贴张小图，让每一张书签都有自己的故事。

色

秋天的色调

质

秋天的质地

形

秋天的构造

食

●● 秋天的美食

衣

●● 秋天的衣着

住

●● 秋天的节庆

Winter

冬天，积蓄着坚毅的力量
孕育生命的信息，等候黎明曙光
即使风霜白雪覆盖大地
万事万物仍蓄势待发
红配绿的互补对比，外冷内热的温度差
软硬质感的混搭，呼应了冬天极端的情绪
人与人的关系，在岁末更加紧密
一年美好的回忆，团聚围炉话家常

Complementary
补色

红色及绿色在色相环里
呈现180°相对位置
对立的两色被称为补色，或对比色
黄与紫、蓝与橙都是互补色
对比色的互搭容易产生强烈冲突
吸收彼此的色晕与残像
造成强化作用
搭配得好，会更显饱和鲜亮
若搭得不好就会互相排斥

仔细看不同背景里的灰，各自带有什么色的残影？

指定色 180°

指定色 150°

红配绿⋯

补色

色视

补色对比

补色残像

注视一个色块超过30秒以上，忽然将颜色抽离时，眼睛会在原来的位置出现一个与原色彩同形不同色的虚影，残留的色彩就是补色。例如，红色背景中的灰，会带着一点绿色，而绿色背景会带一点红色，这就是残像效应。

补色强弱

一山不容二虎，让两色有主客之分，从使用面积开始分成一大一小，或利用明度一高一低，或彩度一强一弱来协调，就可免除两色相争的冲突尴尬，达到彼此烘托的效果。

补色调和

对应在150°范围内的邻近色，也具有对比调和作用。例如黄色的补色是紫色，紫色的类似色是红紫色与蓝紫色，黄色搭配紫色、红紫或蓝紫色，都具有对比效果，只要搭配得宜，就能感受明朗活泼的调和性。

> 美 感 行 动
>
> 许多国家的国旗，都会运用对比色配搭，展现朝气，找找看，哪一个国家的国旗，是运用对比色的配色原理？

美感，就是找到最舒适的配色关系

Warm & Cool 冷暖

色彩带给我们微妙的心理反应与变化
通过不同的色彩配搭
我们感受喜怒哀乐
动静、寒暖、轻重与远近
每个人面对色彩的感受,有相通的感应
但也可能受到过去经验影响
而呈现主观的感受

冷暖

温度感…

色彩心理 色视

::: 暖色寒色 :::

色彩有温度，黄、橙、红是暖色系，连结火焰、阳光、热情等感受；蓝、蓝绿与蓝紫是寒色系，令人想到天空、海洋、冰山等；介于中间的绿色与紫色是中性色，有时偏暖色系的温和，有时偏寒色系的寒冷。无色彩的深灰或黑会带来温和感，明度愈高的浅灰或白色，相对寒冷。

::: 积极冷静 :::

色彩有情绪，黄、橙、红都是积极的颜色；蓝、蓝绿、蓝紫是稳重低调的沉静色。绿色与紫色则介于中间，视状况而定。

::: 膨胀收缩 :::

色彩有胖瘦，黄、橙、红，有向前逼进与膨胀感；相对地，冷色调有收缩后退的感觉。利用色彩膨胀收缩的特性，可修饰身形，也可改变空间大小。

美 感 行 动

色彩有冷暖的心理效应，冬天的居家生活，适合点缀哪些颜色以增加空间的温暖感受呢？你觉得可以用哪些方式改变家的色彩呢？

美感，就是连结生活经验，创造新的体验

Texture 软硬

不只是衣服、包包、手帕
窗帘、桌巾、抹布、地毯、沙发布……
很多日常用品都跟纤维布料有关
常见的棉麻丝毛
是人类使用最久的天然纤维
随着科技进步，人造纤维大量出现
创造出各种符合需求的材质
发热、凉感、抗菌、排汗等高机能布料
每一种纤维都有其特色及优缺点
挑选衣服及生活用品时
需要眼到、手到、心到
才能选到美观、舒适、合宜
且不污染环境的理想质料

纤维质料 软硬

天然与人造

质触

纤维五感

纤维的组成成分不同，各有其特性。可通过主观的观察、手感触摸、透光觉察，连结心理感受。例如纯丝布料，看起来亮亮的，触摸起来光滑细致，让人感到高级又高贵。

天然纤维

分为植物与动物纤维两大类。取自棉花绒的纯棉，舒适吸汗；取自亚麻、苎麻韧皮或叶纤维的纯麻，手感粗细不均，凉爽耐用易皱；取自蚕茧的丝绸，有天然光泽、冬暖夏凉；取自羊毛的毛料，柔软蓬松，具保暖功效。

人造纤维

天然纤维虽好，却容易因气候环境影响产量与价格。为降低成本提升机能，人造纤维大量出现，以聚酯纤维(Polyester)最为普及。此外模仿毛的亚克力纤维，以及具伸缩性的弹性纤维都很常见。

美感行动

翻翻看，你的衣服、手帕、抹布、桌巾等内侧边缘，有没有纤维标识？那是布料的身份证，提供纤维成分与洗涤熨烫方式，帮助我们正确对待这块布料。

美感，就是慎选一件好衣物，重质不重量

Thick & Thin 厚薄

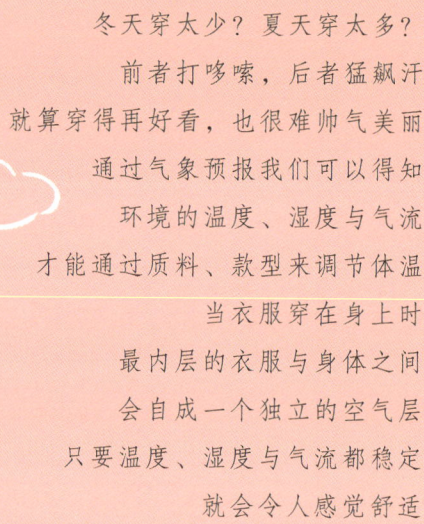

冬天穿太少？夏天穿太多？
前者打哆嗦，后者猛飙汗
就算穿得再好看，也很难帅气美丽
通过气象预报我们可以得知
环境的温度、湿度与气流
才能通过质料、款型来调节体温
当衣服穿在身上时
最内层的衣服与身体之间
会自成一个独立的空气层
只要温度、湿度与气流都稳定
就会令人感觉舒适

厚薄

体温调节

质触

服装卫生学

衣服气候

最佳的衣服气候，应维持在温度 32±1 ℃、湿度 50±10%、气流 25±15cm/sec。这些数字只是参照，就算没有仪器测量，我们的体感也会自动发出过热、过冷或不通风透气的讯号，让我们通过穿脱衣服来调节。

冬天发热

天气寒冷时，为避免体温流失，应选择高领、围巾、袖口裤脚有收束包覆性的长袖长裤，让身体热气停留在最内层的空气层内。发热衣的原理，就是保留与利用人体热气，且兼顾排汗透气，提升材质保暖度。

夏天凉感

夏天气温高，衣服与身体间的空气层，需增加更多对外的空气交流，帮助身体快速散热。材质轻薄透气的短袖短裤是常见单品，选择能快速将表层肌肤汗水与湿气排出的纤维，让身体温度湿度恒定，并加速对流。

美感行动

每个人的体感温度不同，只要穿衣服时觉得舒适，就是理想的衣服气候！比较看看，给不同人穿同一件羽绒衣，每个人感受有何不同？

美感，就是感受自己的身体温度，调节得宜

Emphasize 强调

如果有人问你
早餐都吃什么？你怎么回答？
香奈儿（Coco Chanel）回："一朵山茶花。"
十分浪漫唯美的答案，仿佛听到心跳的声音
感受到香奈儿对爱情的坚贞不移
正如山茶花总是在严冬里美丽自得
永不凋零，绽放到最后一刻
香奈儿最爱的情人"男孩"卡佩尔（"Boy" Capel）
送她的第一束花，正是山茶花
借此表达两人永恒的爱情
赞赏她霜雪不欺的高洁
别一朵山茶花在胸前
是对爱情与生命的执着

山茶花 **强调** 心跳的声音

形 听

::: 山茶花语 :::

山茶花盛开在一月到三月，单一株山茶花可能枝变出纯白、嫩粉或鲜红等色形相异的花朵。山茶花不会片片凋落，而是绽放到最后，再果断从花萼处整朵掉落，象征着永恒的爱情和坚毅的人生态度。

::: 山茶花香 :::

山茶花没有花香，不会从盛开的香气变成腐败的臭味。香奈儿以山茶花自许讽刺那些喷着过重香水的庸俗交际花们，也时时提醒自己保持纯真清雅之美。

::: 山茶花饰 :::

香奈儿与山茶花的渊源，起于舞台剧《茶花女》（The Lady of the Camellias），内容是关于男女主角备受考验的乖舛爱情故事，女主角总是在胸前佩戴着山茶花，特别引人注目。当时欧洲许多时髦贵族男士，也会在外衣上佩戴一朵白色山茶花彰显身份地位。

美 感 行 动

冬天里，除了山茶花外，还有哪些花盛开？梅花、长寿花、水仙花与君子兰等，找找看这些花的踪影，或从网络搜集图片及代表花语。

美感，就是相信天地有情，人间有爱

Pose
Etiquette 平衡

猫咪的优雅,浑然天成
走路时昂首阔步,散发自信风采
站立时,抬头挺胸,英姿焕发
扭动身躯时,头脚重心平衡
坐下来时,收起小腹
放松身体,调节呼吸,展现最好的仪态
往前看,低着头,仰起脸,一回眸
举手投足就是令人赞叹的平衡美

优雅的猫

平衡

美姿美仪

形 听

站姿

站歪了，背就会酸，也美不起来！想象自己身体有一条中心线，从身体中轴往上延伸拉直提高。对着镜子正面看自己时，从头到脚都要左右对称平衡。从侧面看，耳朵、肩膀、骨盆、脚踝关节连成一直线。

坐姿

良好不费力的坐姿，需要两个90°：臀部与椅背形成90°、膝盖并拢并弯曲90°。坐时收小腹，背部挺直，腰部与椅背间约距离一个拳头的空间。坐挺后，放松肩膀，双手轻放大腿上，脚尖并拢。

走姿

走路不可拖脚跟，应该拉直身体，脚先跨出，而不是头或肚子。落地要轻，双脚平均受力，前后步伐不要超过肩宽，就像猫咪一样，动作大方，走路没有声音。

美 感 行 动

每日贴墙站立15～20分钟，帮助身体记忆正确姿势。记得下巴要微内缩，后脑勺、后背、臀部及后脚跟都确实贴墙站好。

美感，就是举手投足都能优雅自在

Winter Solstice 冬至

冬至吃汤圆，幸福人团圆
这一天太阳直射南回归线
北半球的白天最短、黑夜最长
冬至后，代表冬天真正来临
老一辈的人总喜欢说
吃了汤圆就会快快长大
过冬至就会长一岁
又红又白的圆圆外观
更象征"团圆""圆满"好兆头
来碗热呼呼的汤圆
平安又添岁

冬至 暖心暖胃

汤圆大会

食味

::: 吃汤圆添岁 :::

冬至的清晨,人们起早搓汤圆、忙祭祖,热闹程度不亚于过年。因此古人说:"冬至大如年""冬至吃汤圆长一岁"。

::: 红白汤圆 :::

冬至是节气交接点,以红白汤圆象征阴阳交替。在台湾地区,纯糯米制作的称为"小圆仔";芝麻糖和花生粉做馅,搓成大大的圆球,称为"圆仔母"。现代更有五行、五色或各种彩色汤圆,用创意丰富节日的美感与趣味。

::: 汤圆黏门窗 :::

在台湾地区,冬至有个渐渐失传的传统习俗"饷耗"。人们会将祭拜后的汤圆粘在门、窗、牛角或农具上,代表犒赏与答谢万物一年来的付出,抱持感恩的心谢天谢地。

美 感 行 动

粘汤圆这一传统是对万物表达感恩之意,约莫干燥后三天即可取下。现代人没有农具,你会粘在哪里?书桌?床头?电脑?手机?

美感,就是懂得感恩,谢天谢地平安丰收

Ingredients
Winter 冬食

身体要与外在的节气变化相互呼应
人类虽然不用冬眠
但天气寒冷气血循环差,宜早睡晚起
随太阳起落作息,保持充足睡眠
才能达到身心平衡
冬季是蔬果的盛产期
种类较多,价格相对平稳
可多吃黑色食物
如黑木耳、黑香菇、黑豆等补足肾气
俗语说:"冬令进补,春天打虎"
身体若在冬季保养得宜
等春天来临,就能有勇健的体魄

冬食

黑色进补

冬天的滋味

食 味

蕈菇类

黑木耳、黑香菇

春酸、夏苦、秋辛、冬咸,四季味道各有不同。冬季盛产的黑木耳与黑香菇拿来红烧炖煮,热量低又营养。

蔬菜类

茼蒿、高丽菜、冬笋、胡萝卜

御寒进补不一定要大鱼大肉,蔬菜与根茎类富含丰富维生素与矿物质,在热腾腾的火锅里,加进冬天盛产的蔬菜吧!

水果类

柑橘、金枣、葡萄、樱桃、圣女番茄

时序入冬,一连串柑橘轮番上阵,包含金橘、桶柑、茂谷柑、椪柑等,滋味酸甜,外观讨喜。

美 感 行 动

柑橘类的水果,有大吉大利的谐音,过年前后,将红澄澄的柑橘水果堆成堆,再贴上小春联,特别有年味。

美感,就是运用时令食材装饰餐桌

Mix & Match 混搭

混搭不是随便搭配
混搭的概念是异质性的撞击
不同的材质、造型或风格
通过拼凑，找到核心基调，创造冲突美
同质性愈高，愈有系列成套的整体性
异质性愈高，愈给人活泼跳跃的个性美
掌握整体造型的基调
先混搭两种风格或两种材质
例如休闲牛仔裤搭配正式西装外套
浪漫纱裙配上运动夹克等
通过色彩达成协调，并以配件画龙点睛
就能创造自己的混搭时尚

混搭

饰品配件

画龙点睛

衣 嗅

::: 帽子围巾 :::

帽子与围巾是各种配件中最快引起别人注意的焦点,对整体风格具影响力。戴上棒球帽,看起来休闲!换上贝雷帽,则显得优雅古典。选择帽子时,头型与发型是关键,同一顶帽子,会因为头型与发型影响美观,记得多比较,换发型也要换帽子!

::: 耳环项链 :::

耳环、项链与手环、戒指,属于同系列的配件,建议以同材质为宜。如金银等金属、亚克力、水晶、皮革等质感,款式、色彩或造型则不限制相同。造型夸张的设计,适合搭配低调简洁的衣服。相对地,衣服鲜明抢眼时,饰品就扮演绿叶,不要太浮夸。

::: 鞋子包包 :::

看鞋子选包包或看包包选鞋子,是比较容易的搭配法。例如以色彩来搭配,黑色包包配黑色鞋子;以材质来搭配,球鞋搭配运动双肩包或帆布包。锁定鞋子与包包的共同基调,衣服就算是不同色调、材质或风格,也能维持整体的稳定性。

美感行动

围巾是冬天最常使用的保暖型配件,一条围巾可以创造出不同造型。试着变换围巾的各种围法,让每天的穿搭更有型。

美感,就是找到搭配的元素,感受造型的变化

Combo Outfit 冬装

服装代表身份地位与对场合的尊重
除了上学上班有规定的制服外
多数人的日常服装，以休闲、随性为主
一旦遇到正式场合，就会不知所措
多数人会选套装、西装或小礼服
配上不露趾的皮鞋或高跟鞋
不失礼，也不加分
实际上，正式场合分成很多类型
有的需要戴领结，穿燕尾服、大礼服
有的只需要西装领带，或短礼服就可以
很多细节都要事前确认
才能展现绅士淑女的合宜风范

冬装 正式场合

服饰密码

衣嗅

穿搭原则

长袖长裤长裙比短袖短裤短裙合宜；有领比无领正式；细致有光泽的质料比粗犷有颗粒的质料更显高贵；深色比浅色更稳重。记得佩戴质感好的项链、耳环、手表、袖扣等饰品，凸显个人品位。

雅痞绅士

衬衫的袖扣、领口、领尖的钮扣都要扣好。领带的适当长度是底端刚好盖住皮带。穿着西装时，最下方扣子可不扣；其它扣子则是坐下松扣，站起来扣好。皮带与鞋袜要同色系，白皮鞋配白袜，黑皮鞋配黑袜。

名媛淑女

裙装比裤装得体，连身礼服比单件裙子更正式。依场合需求搭配披肩或小外套，加上项链、耳环与高跟鞋，包包不宜过大，最后喷一点淡香水，让全身散发清新香气。

美感行动

收到一张邀请卡，上面的 Dress Code（服装要求）是 Black Tie（黑领结），代表要穿什么？

男生→黑色无尾晚礼服＋黑领结＋腰带＋黑鞋＋黑袜

女生→长礼服或华丽的小礼服

美感，就是穿着得宜，举止大方

Ambience
氛围

叮叮当！叮叮当！圣诞节来啰！
一闪一闪的圣诞灯饰点燃欢乐
红配绿的圣诞树上，挂满金银彩球
在岁末的倒数日子里
精心准备一份礼物
送给最在乎的家人、好友与情人
通过交换礼物，同欢共祝、传送心意
同时，也别忘了把自己的愿望
放进圣诞袜内
相信圣诞老公公会达成愿望
为我们捎来惊喜、希望与温暖

圣诞节 氛围

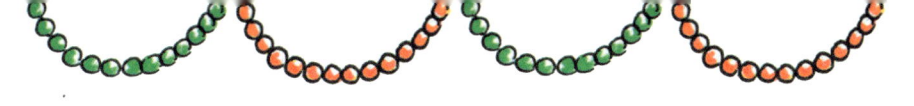

住感

交换礼物

送礼物

送礼物是一门学问，送得好心意到，送不对很尴尬！挑选时应贴心观察对方的需求喜好，并依据送礼原因、可负担的预算、对方身份地位等挑选。送礼物是表达祝福对方的心意，太贵重或随便的礼物，会让人难以接受。

收礼物

收礼物也是人际美学，收到不喜欢的礼物，直接表达不喜欢？我不要？还是笑笑接纳？或假装很惊喜？如果对方有满满诚意，看得出是精心挑选，即使不喜欢，也该有适度的情感回馈。即使拒绝也要保持礼貌，不造成双方尴尬。

拆礼物

拆礼物是既期待又怕受伤害的过程！若有幸收到自己期待已久的礼物，真的会很开心！华人比较含蓄，不好意思当面拆礼物，多半是收下后默默打开独享惊喜。大多数西方人喜欢当场拆开礼物，表达惊喜并立即回馈！

美感行动

圣诞节前夕，找家人好友一起玩"交换礼物"吧！礼轻情意重，事先设定好礼物的金额，各自准备一份礼物来交换。

美感，就是传递彼此的心意，让爱转动 115

Relationship 关系

美，不只展现在表象的事物上
也存在人们的心中
美感很容易被当成虚华做作
刻意堆砌与卖弄品味
营造美感就像经营人际关系一样
需要满满的诚意与刚好的温度
太刻意的美感不真实
太强调视觉的美，会看不到内在的美
美，需要从生活启动，需要保持弹性
不需要拿尺丈量，不需要放大标准
只要调整心情，开放心胸
累积美的记忆，就能汇聚美的能量

关系 宽容和知足　住感　积存美好

保持愉悦

过度完美,容易苛求别人;要求自己过度完美,会容不下一粒沙,对别人的赞美抱持怀疑;过度追求完美,无法建立良善的人际互动。学会轻轻放下,保持愉悦,才能活出美好。

知足感恩

乐观的人比较有勇气,悲观的人经常很恐惧!陷在不开心的情绪中,总觉得自己不堪,看到别人的好,羡慕又嫉妒,这些低落的情绪会让人难以抬起头。唯有知足感恩,心胸才能开阔豁达。心满足了,美就不远了。

分享共鸣

当内心觉得感动时,你想和谁分享?和懂你的人分享?和愿意倾听你的人分享?和喜欢你或你喜欢的人分享?只要愿意分享美的感动,就能让美不断被增强扩大,引起更多共鸣。

美感行动

内心有感动时,记得说出来!找到对的人大方分享,只要感动过,美就会被记录下来,产生共鸣。

美感,就是让世界微笑的力量

Winter Diary

美感日常

入冬后，天气环境跟着转换，看到、听到、吃到、闻到、摸到、感觉到什么？启动感知，让美感有感，写下冬天带给你的美好。

视觉

我看到？我觉得……

听觉

我听到？我觉得……

味觉

我吃到？我觉得……

嗅觉

我闻到？我觉得……

触觉

我触摸到？我觉得……

感觉

综合以上五感感知，写下美的感动……

119

图书在版编目（CIP）数据

美感365 / 罗安琍著. -- 上海：上海书店出版社，
2022.6
ISBN 978-7-5458-2086-7

Ⅰ.①美… Ⅱ.①罗… Ⅲ.①美学－研究 Ⅳ.
①B83

中国版本图书馆CIP数据核字(2021)第164725号

本书中文繁体字版本由幼狮文化事业股份有限公司在台湾出版，今授权上海世纪出版股份有限公司上海书店出版社在中国大陆地区（台湾、香港及澳门除外）出版其中文简体字平装本版本。该出版权受法律保护，未经书面同意，任何机构与个人不得以任何形式进行复制、转载。

版权代理：锐拓传媒(copyright@rightol.com)
版权合同登记号：图字：09-2021-0131

责任编辑　张　冉
营销编辑　胡美娟
装帧设计　汪　昊

美感365
罗安琍　著

出　　版	上海书店出版社
	（201101　上海市闵行区号景路159弄C座）
发　　行	上海人民出版社发行中心
印　　刷	上海丽佳制版印刷有限公司
开　　本	890×1240　1/32
印　　张	3.75
字　　数	90,000
版　　次	2022年6月第1版
印　　次	2022年6月第1次印刷

ISBN 978-7-5458-2086-7/B·105
定　　价　65.00元